Fluffy

ISBN 3-8212-1563-1

Am Hehsel 40, 22339 Hamburg
Die englische Originalausgabe erschien 1995
mit dem Titel »Silk Wood«
bei Brimax Books Ltd., GB-Newmarket

Printed in Slovakia

Fluffy

Geschichten um ein kleines Eichhörnchen

Text von Gill Davies

Illustrationen von Eric Kincaid

Übersetzung von Susanne Kregeloh

XENOS

Fluffy hat eine Idee

»Auf der ganzen Welt ist doch nichts so schön wie unser Wald im Frühling«, sagte Frau Eichhorn.

Sie war vor die Tür des kleinen Baumhauses gegangen, um ihr Staubtuch auszuschütteln. Jetzt stand sie einen Moment lang ganz still und schaute sich um.

Die Sonne malte helle Flecken auf den Waldboden und ließ die weißen Waldanemonen wie kleine Sterne leuchten. Die Himmelsschlüsselchen bedeckten mit ihren gelben Blüten die flachen Erdhügel. Und so weit das Auge blicken konnte, breiteten sich unter den Bäumen dicke Polster aus blauen Glockenblumen aus.

»Es ist wunderschön!« dachte Frau Eichhorn bei sich. »Die Vögel tirilieren in den höchsten Tönen, und die Glockenblumen duften wirklich himmlisch.«

Sie seufzte vor Glück. Dann schüttelte sie noch einmal das Staubtuch kräftig aus und eilte zurück ins Haus. Sie wollte dort Ordnung schaffen und die Spinnweben entfernen, die in den hellen Sonnenstrahlen wie feine Spitzen wirkten.

Eric Kincaid

Der kleine Fluffy tat so, als ob er noch schliefe. Er zog die Bettdecke ein Stückchen höher, so daß nur noch seine Nasenspitze herausschaute. Doch besonders klug war das nicht, denn jetzt schauten am Fußende seine winzigkleinen, sehr kitzligen Zehen hervor.

Frau Eichhorn versuchte gerade, mit ihrem Staubwedel die Spinnweben zu erreichen, die ganz oben in einer Ecke hingen, als sie Fluffys Zehen unter der Bettdecke hervorlugen sah. Das war eine Gelegenheit, die sie nutzen mußte! Blitzschnell wirbelte sie mit dem Staubwedel herum und kitzelte damit die winzigen Zehen. Urplötzlich kicherte Fluffy los, er kringelte und kugelte sich vor Lachen.

»Halt! Halt! Aufhören!« rief er laut. »Laß mich! Ich schlaf' doch noch!« Er zog die bunte Flickendecke ganz fest um sich und rollte sich in der Mitte seines Bettes zu einem kleinen Knäuel zusammen.

Doch der Staubwedel fand ein Schlupfloch und tanzte nun auf Fluffys rosafarbener Nasenspitze herum. Fluffy nieste und warf die Bettdecke von sich.

Eric Kincaid

»Geh weg! Ich hab' doch gesagt, daß ich noch schlafe!« brummelte er und ließ sich aus dem Bett kullern. »Ich hab' noch gar nicht ausgeschlafen. Du kannst bestimmt sehen, wie müde ich noch bin. Ich will noch nicht aufwachen!«

Doch dann sprang er plötzlich auf und rannte um sein kleines Bett herum in das Badezimmer. Er schlug die dicke Holztür hinter sich zu, um Ruhe vor dem beharrlichen Staubwedel zu haben.

»Dann willst du heute wohl auch kein Frühstück haben«, rief seine Mutter ihm hinterher. »Denn kleinen müden Eichhörnchen fällt es sehr schwer, Toastbrot mit Erdnußbutter zu essen.«

»Ach, das werde ich schon schaffen«, antwortete Fluffy. Er wusch sich schnell das Gesicht und kam dann zurück, um sich anzuziehen: eine rote Latzhose, ein gelbes Hemd und blau-weiß gestreifte Socken.

»Was hast du denn heute vor?« fragte seine Mutter, während sie mißbilligend auf eine große Spinne starrte, die sich in der dunklen Ecke hinter dem Herd verkroch.

»Ich werde heute ein Ei legen«, verkündete Fluffy. Er hatte gerade von seinem Toastbrot mit Erdnußbutter abgebissen und sprach deshalb mit vollem Mund.

Eric Kincaid

»Ein Ei legen!« rief Frau Eichhorn. Sie wandte sich Fluffy zu und sah ihn erstaunt an. Dabei ließ sie jedoch die Spinne nicht ganz aus den Augen – für den Fall, daß diese sich unterstehen sollte, noch mehr Spinnweben zu weben. »Fluffy, erzähl keinen Unsinn. Eichhörnchen legen keine Eier. Das tun nur die Vögel und Schlangen und Schmetterlinge – und Spinnen.« Sie fuhr mit ihrem Staubwedel in die Ecke hinter dem Herd. Dort hockte noch immer die Spinne, die sich jetzt blitzschnell zwischen den Brennholzstapel und den Kupferkessel flüchtete.

»Es kümmert mich nicht, was die anderen Eichhörnchen tun«, sagte Fluffy. »Es ist Frühling. Und den Vögeln scheint es eine Menge Spaß zu machen, Eier in ihre Nester zu legen. Schon die ganze Woche über zwitschern und singen sie davon. Ich will auch Spaß haben. Ich will ein Ei ganz für mich allein.«

Fluffy trug seinen Teller zum Waschbecken und ließ ihn in das warme Seifenwasser plumpsen, dann lief er nach draußen in den warmen Sonnenschein.

Eric Kincaid

Der Wald roch ganz wunderbar nach Tannen und Moos. Es war ein herrlicher Tag – er schien wie dafür gemacht, ein Ei zu legen.

Fluffy hüpfte fröhlich durch den Wald. Dort, wo die vielen gelben Himmelsschlüsselchen wuchsen, wartete Rosi, die Kaninchendame, auf ihn.

»Grüß dich, Fluffy!« sagte Rosi. »Was willst du denn heute unternehmen?«

»Heute werde ich ein Ei legen«, verkündete Fluffy mit wichtiger Miene.

»Ein Ei legen!« Rosi lachte. »Du bist dumm, Fluffy. Eichhörnchen legen doch keine Eier. Was für eine komische Idee!«

Fluffy wurde ärgerlich. »Es ist gemein von dir, mich auszulachen«, sagte er. »Von mir aus kannst du hier sitzenbleiben und dich krumm und schief lachen. Dann gehe ich eben allein weiter.«

Kurzerhand ließ Fluffy Rosi inmitten der Himmelsschlüsselchen sitzen. Sie lachte noch immer und wischte sich mit ihrem Taschentuch die Lachtränen vom Gesicht. Fluffy ging allein auf dem schmalen Weg weiter, der sich durch den Wald schlängelte.

Eric Kincaid

Während Fluffy dem Pfad hinunter zum Fluß folgte, kamen die Tiere aus dem Wald hervor und sahen ihm nach. Fluffy steckte immer voller Ideen, die keines von ihnen so recht verstand. Trotzdem freuten sie sich, wenn sie ihn sahen – in seiner roten Latzhose, dem gelbem Hemd und den witzigen, blau-weiß gestreiften Socken. Fluffy heckte stets irgendeinen Spaß aus. Er brachte sie zum Lachen. Als Fluffy jetzt durch den Wald lief, lächelte er vor sich hin.

»Ich werde mein Ei schon finden«, sagte er zuversichtlich. »Und ganz bestimmt werde ich heute noch etwas Aufregendes erleben. Für ein Abenteuer ist ein Frühlingstag in unserem Wald ganz sicher genau richtig, meint ihr nicht auch?«

Die Vögel schauten zu ihm herunter und zwitscherten und sangen, während sie voller Stolz auf ihren Nestern saßen, die bis zum Rand mit Eiern gefüllt waren. Auch die Vögel fragten sich, was Fluffy wohl als nächstes einfallen würde. Ein Eichhörnchen, das ein Ei legen will – hatte man je so etwas Dummes gehört?

Aber sie mußten auch zugeben, daß Fluffys komische Einfälle immer der Anfang aufregender Erlebnisse waren.

Fluffy legt ein Ei

Fluffy saß am Rande des Wasserfalls und sah den Wasserperlen zu, die im Sonnenlicht aufwirbelten. In jeder funkelten und schillerten winzigkleine Regenbögen.

»Ich liebe diesen Wasserfall«, sagte Fluffy zum Eisvogel, der von Zeit zu Zeit schnell wie ein Pfeil über die Wasserfläche dahinschoß. »Er macht so ein hübsches Gurgel-Spurgel-Plitsch-Platsch-Geräusch. Findest du das nicht auch?«

»Hmmmm ...«, entgegnete der Eisvogel. »Es ist schön, daß ein kleines Eichhörnchen wie du schon so viele Worte kennt. Aber jetzt sei bitte still. Ich muß mich konzentrieren. Du mußt nämlich wissen, daß das Fischefangen eine sehr ernste Angelegenheit ist.« Der Eisvogel flog zurück auf seinen Ast und machte sich bereit, nach seinem Mittagessen zu tauchen – einem Fisch mit vielen silbrig glänzenden Schuppen.

In diesem Moment kam Rosi, die Kaninchendame, über die kleine Brücke gehoppelt. Sie gesellte sich zu Fluffy, der am grasbewachsenen Ufer des Flusses saß und sich ausruhte.

Eric Kincaid

»Wie schön, daß ich dich gefunden habe, Fluffy«, rief sie erfreut. »Ich habe dich überall gesucht. Hast du schon ein Ei zum Ausbrüten gefunden? Kannst du überhaupt wie ein Vogel auf dem Nest sitzen? Sicherlich ist dein Schwanz doch viel zu buschig dazu.«

Fluffy zog die Stirn kraus. »Wehe, du lachst mich schon wieder aus«, entgegnete er. »Ich werde bald ein Ei finden. Warte es nur ab, Rosi. Warum soll denn ein Eichhörnchen kein Ei ausbrüten können, wenn es das möchte? Warum sollen die Vögel den Spaß ganz allein für sich haben?«

Fluffy stand auf und schüttelte ärgerlich seinen Schwanz. Dann lief er mit großen Sprüngen zum Weg, der am Flußufer entlangführte. Er war fort, ehe Rosi ihn zurückhalten konnte.

»Was ist er heute nur für ein griesgrämiges kleines Eichhörnchen«, sagte die Kaninchendame.

»Weißt du«, meldete sich der Eisvogel zu Wort, »es ist nicht richtig, einen Freund auszulachen, nur weil er sich eine komische Idee in den Kopf gesetzt hat. Denn damit verletzt man seine Gefühle. Aber jetzt sei bitte still und laß mich weiter nach Fischen tauchen.«

Fluffy rannte so schnell, daß er die knorrigen Baumwurzeln übersah, die quer über den Weg liefen.

Eric Kincaid

Einen Augenblick später war das Unglück auch schon geschehen. Fluffy rutschte aus, taumelte und torkelte. Er schlug der Länge nach hin und rollte und kullerte dann einen Abhang hinunter. In einem flachen, sumpfigen Tümpel am Uferrand blieb er liegen.

»Ach herrje«, jammerte er, »ich bin naß wie ein Schwamm. Und mein Hosenboden ist auch ganz schmutzig geworden.« Doch dann machte er eine Entdeckung. Dort, in einer kleinen Mulde am Uferrand, halb versteckt zwischen Grasbüscheln, lag ein rundes weißes Ding.

Fluffy starrte es an. Er rieb sich die Augen und sah noch einmal hin. »Da liegt es!« rief er. »Ja, da liegt es. Wirklich, da liegt es! Es ist ein Ei!«

Vor ihm im Gras lag weiß und glatt ein Ei. Aufmerksam schaute Fluffy sich um. Niemand schien sich um dieses Ei zu kümmern. Und es war auch klar, daß niemand darauf saß, um es auszubrüten. Also gehörte dieses Ei auch niemandem!

»Hallo, kleines Ei«, sagte Fluffy und nahm es vorsichtig zwischen seine kleinen Pfoten. »Ich bin Fluffy, das Eichhörnchen, und von jetzt an gehörst du mir ganz allein. Ich werde mich um dich kümmern und dafür sorgen, daß du ausgebrütet wirst.«

Eric Kincaid

Fluffy war aufgeregt und glücklich. Er merkte überhaupt nicht, daß er gar kein richtiges Ei gefunden hatte. Es war ein Kieselstein. Der war zwar wunderschön – glatt und glänzend und mit kleinen Sprenkeln –, aber es war eben nur ein Kieselstein.

Fluffy trug sein Ei die Böschung hinauf. Dort baute er aus dem weichsten Gras und dem zartesten Moos, das er finden konnte, einen kleinen Hügel, drückte in die Mitte eine Kuhle und legte das Ei vorsichtig hinein.

»Na also«, sagte er, »ich habe ein Ei gelegt. Wer hat behauptet, daß ein Eichhörnchen das nicht könnte? Jetzt muß ich mich nur noch auf das Ei setzen und warten, bis es ausgebrütet ist.«

Er setzte sich auf das Nest und dachte dabei, wie glücklich er doch war, endlich sein Ei gefunden zu haben. Lange Zeit saß er so, doch in dem Ei rührte und regte sich nichts.

Den ganzen Nachmittag über hatte Fluffy so ausgeharrt. Schließlich fragte er sich, was er tun sollte, wenn das Ei erst einmal ausgebrütet war.

Eric Kincaid

Er hatte keine Ahnung, wie er die vielen Würmer fangen sollte, die ein kleiner Vogel brauchte. Außerdem gefiel ihm dieser Gedanke auch gar nicht. Aber ihm würde nichts anderes übrigbleiben, wenn er ein Vogelküken ausbrütete. Aber was wäre, wenn er auf einem Schlangenei saß?

Fluffy fand diesen Gedanken so beunruhigend, daß er aufsprang, um rasch einen Blick auf sein künftiges Pflegekind zu werfen. Aber das Ei war nicht zu sehen! War das Küken etwa schon ausgeschlüpft und fortgelaufen, ohne daß Fluffy es gemerkt hatte? In diesem Augenblick kam Rosi des Weges gehoppelt.

»Es tut mir wirklich leid, daß ich so gemein zu dir war, Fluffy«, entschuldigte sie sich. »Ich wollte deine Gefühle ganz bestimmt nicht verletzen … aber was hast du denn?«

»Oh Rosi«, rief Fluffy traurig, »ich habe ein Ei gefunden und versucht, es auszubrüten. Aber jetzt ist es weggelaufen.« Er wandte sich von ihr ab, damit Rosi die dicke Träne nicht sah, die über seine Wange kullerte.

Rosi spähte in das Nest und fuhr dann mit ihrer Pfote vorsichtig durch das weiche Moos. Ganz unten ertastete sie etwas Schweres. Rosi hob es hoch.

Eric Kincaid

»Aber das ist ja gar kein Ei«, sagte sie und gab sich große Mühe, nicht zu lachen. »Es ist ein Kieselstein. Und weil er soviel wiegt, ist er durch den Nestboden gefallen. Du bist dumm, Fluffy.«

Fluffy starrte auf das »Ei« und begann zu kichern. »Ich bin wirklich ein dummes kleines Eichhörnchen!« rief er. Und dann prustete er los und lachte so sehr, daß er sich hinsetzen und seinen Bauch halten mußte. Mit den Beinen strampelte er in der Luft.

Fluffy nahm das »Ei« mit zu sich in das kleine Baumhaus. Dort holte er seinen Tuschkasten hervor, und Rosi und er bemalten den Stein mit bunten Streifen und Blumen. Dann schenkten sie ihn Frau Eichhorn.

»Wie hübsch!« sagte Fluffys Mutter. »Wißt ihr, wenn nicht all diese Streifen und Blumen daraufgemalt wären, könnte man den Stein ganz leicht mit einem Ei verwechseln. Was habt ihr zwei denn? Habe ich etwas so Komisches gesagt?«

Sie lächelte und legte Fluffys »Ei« auf die Fensterbank. In dieser Nacht hatte Fluffy einen Traum. Darin brütete er ein Ei aus, das so groß war wie ein Fußball und aus dem lauter kleine Kieselsteine hervorkamen, die mit bunten Streifen und Blumen bemalt waren. Und jeder kleine Kieselstein hatte einen orangefarbenen Schnabel.

Eric Kincaid

Fluffy entdeckt seinen Schwanz

Fluffy, das kleine Eichhörnchen, hatte einen wunderschönen Schwanz. Seit Fluffy auf der Welt war, hatten die anderen Tiere ihn deshalb bewundert. Sein Schwanz war buschig und flauschig und von einer bemerkenswert schönen rotbraunen Farbe. War Fluffy nicht ein glückliches kleines Eichhörnchen?

Er freute sich, daß allen Waldtieren sein Schwanz so gut gefiel. Und deshalb jammerte er auch nur ganz wenig, wenn seine Mutter die Kletten und Knoten ausbürstete.

Das Problem war nur, daß Fluffy selbst seinen Schwanz nicht sehen konnte. Er konnte sich drehen und wenden und über seine Schulter schauen – seinen Schwanz konnte er nicht sehen. Fluffy drehte sich dann jedes Mal blitzschnell in die andere Richtung, aber trotzdem gelang es ihm nicht, einen Blick auf seinen Schwanz zu erhaschen.

Er balancierte auf dem Stuhl, um sich im Rasierspiegel seines Vaters anzuschauen, aber er hatte zuwenig Platz, um sich zu drehen.

Er stellte sich auf Zehenspitzen auf das Bett, aber der Spiegel hing viel zu weit oben an der Wand. Fluffy mußte auf und ab hüpfen, um

Eric Kincaid

seinen prachtvollen roten Schwanz im Spiegel zu sehen, der jedoch immer blitzschnell vorbeisauste.

An einem schönen Sommernachmittag ging Fluffy deshalb bis an den Rand des Waldes, in dem er wohnte. Er wollte zu der großen Wiese, auf der die Butterblumen blühten. Denn dort lag der silbern schimmernde See, an den die Hirsche und Rehe zum Trinken kamen.

An sonnigen Tagen funkelte die Wasseroberfläche wie ein großer Spiegel. Viele Tiere kamen hierher, um das klare, kühle Wasser zu trinken und einen scheuen, bewundernden Blick auf ihr Spiegelbild zu werfen. Fluffy hatte sich überlegt, daß dies genau der richtige Ort war, wenn er seinen buschigen Schwanz einmal sehen wollte.

Fluffy hüpfte durch den Wald, pflückte dabei von Zeit zu Zeit eine süße Himbeere ab und aß sie auf. Dann erreichte er den Waldrand. Hier standen die Bäume nicht mehr so dicht beieinander. Und dort lag der See und glitzerte wie Silber im Sonnenschein.

Wundervolle weiße Seerosen schwammen auf dem Teich, und Libellen surrten wie kleine Hubschrauber über die funkelnde Wasserfläche hinweg.

Eric Kincaid

Auf einem der Seerosenblätter hockte der Frosch Arthur. Er war ein Dichter und Musiker und sang jede Nacht im Mondlicht seine Lieder.

»Hallo«, sagte Arthur. Er ließ seine Zunge vorschnellen, zog sie wieder zurück und lächelte freundlich über das breite Gesicht. Dann quakte er:

»Kein Frosch ist allwissend, denn er ist nur ein Tier,
Doch ich bin klug und weise, das sage ich dir.«

»Ja, sicherlich«, pflichtete Fluffy ihm bei. »Kannst du mir auch sagen, wo ich am besten mein Spiegelbild im See anschauen kann?«

»Unter der alten Weide am Rande der Wiese,
Wo der Sommerwind weht in kühler Brise.«

Fluffy bedankte sich und setzte seinen Weg um den silbernen See herum fort. Dort, wo das Wasser wie ein heller Spiegel glänzte, blieb er stehen. Und dann schaute und schaute er, und er sah einen prächtigen, buschigen Schwanz von geradezu bewundernswert schöner rotbrauner Farbe.

»Oh, wie schön! Ist das wirklich mein Schwanz?« rief er aus.

»Ganz bestimmt nicht«, hörte er eine Stimme sagen. »Das ist meiner.«

Eric Kincaid

Ein kleiner Fuchsjunge zwinkerte Fluffy zu und lächelte ihn an.

»Entschuldige bitte die Frage«, sagte Fluffy nervös, »aber fressen kleine Füchse wie du eigentlich kleine Eichhörnchen wie mich?«

»Ich kann nicht sagen, daß mich das besonders interessiert«, antwortete der kleine Fuchs. »Außerdem glaube ich, daß es sehr viel lustiger wäre, dich zum Freund zu haben, anstatt dich zum Abendbrot zu verspeisen. Ich heiße Fritz Fuchs – aber der Schwanz, den du da bewunderst, der gehört mir. Bilde dir ja nichts ein.«

Fluffy schaute in das freche Gesicht des kleinen Fuchses, spähte wieder ins Wasser und sagte schließlich: »Ich möchte mich auf keinen Fall mit dir streiten, Fritz, denn du scheinst ein recht netter Bursche zu sein. Aber ich sage dir, das ist nicht dein Schwanz. Es ist meiner.«

»Ihr irrt euch beide«, mischte sich Arthur ein, der Fluffy hinterhergehüpft war.

»Was ihr im Spiegelbild seht, das seid ihr beide.
Ich sag's euch ganz offen, weil ich Streit möglichst meide.
Ihr steht so eng beisammen, daß der Schwanz aussieht wie einer,
Geht zwei Schritt auseinander, und d'raus wird seiner und deiner.«

Eric Kincaid

Also machten die beiden kleinen Tiere zwei Schritte auseinander, und dort im Wasser waren wirklich zwei prächtige, buschige Schwänze von geradezu bewundernswert schöner rotbrauner Farbe zu sehen.

Fritz und Fluffy gefiel dieser Anblick, und sie bewunderten sich gegenseitig. Von diesem Augenblick an waren sie die besten Freunde.

Da Arthur nicht nur ein Dichter, sondern auch ein hervorragender Maler war, setzte er sich in die warme Nachmittagssonne und malte das Eichhörnchen und den Fuchsjungen, wie sie zusammen spielten und miteinander lachten.

Als es gegen Abend kühler wurde und die Dämmerung sich auszubreiten begann, trotteten die beiden neuen Freunde heimwärts. Sie versprachen einander, sich bald wiederzusehen.

Am nächsten Morgen wurde ein Geschenk für sie beide abgegeben. Arthur hatte es ihnen geschickt. Es war ein Gemälde, auf dem zu sehen war, wie die beiden Freunde auf der Wiese herumtollten.

»Jetzt brauche ich keinen Spiegel mehr«, sagte Fluffy, während seine Mutter das Bild über dem Kamin aufhängte.

»Jetzt kann ich immer meinen Schwanz angucken. Bin ich nicht ein glückliches kleines Eichhörnchen?«

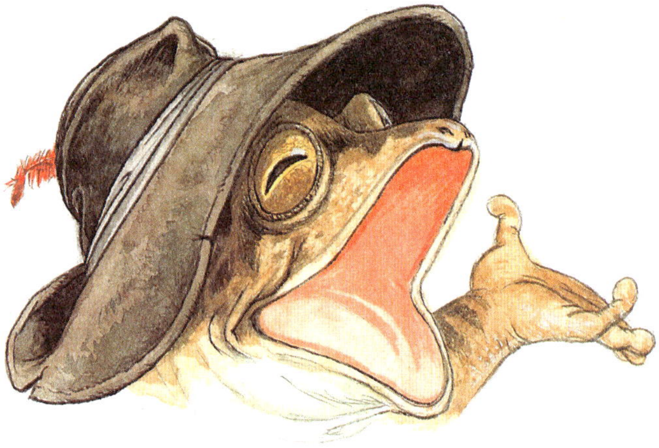

Eric Kincaid

Die Überraschungsparty

Fluffy wachte sehr früh auf und fragte sich verwundert, warum er so aufgeregt war. Dann fiel es ihm wieder ein. Heute hatte der alte Fischotter Geburtstag, und am See sollte für ihn eine Überraschungsparty stattfinden. Weil der Fischotter immer sehr lange schlief, würde er vor dem Abend nichts von all den Vorbereitungen bemerken. Alle seine Freunde wollten kommen, um mit ihm zu feiern.

»Was wollen wir dem alten Otter schenken?« fragte Fluffy beim Frühstück.

»Mir ist noch nichts eingefallen«, sagte sein Vater, der gerade eine Schüssel Nüsse leeraß. »Soweit ich das beurteilen kann, hat er alles, was ein Fischotter so braucht.«

»Hmmm«, sagte Frau Eichhorn nachdenklich, während sie ihren Brombeersaft trank, »er ist eine gute alte Seele und verdient es, ein ganz besonderes Geschenk zu bekommen. Ich weiß etwas – ich werde einen Geburtstagskuchen für ihn backen.«

»Und ich werde für ihn einen neuen Liegestuhl zimmern«, sagte Herr Eichhorn.

»Und was ist mit mir?« beschwerte sich Fluffy. »Ich möchte ihm auch etwas Schönes schenken.«

Eric Kincaid

»Dann mußt du dir selbst etwas ausdenken«, sagte sein Vater. »Deine Mutter und ich werden heute sehr viel zu tun haben.« Er stand auf, um in seine Werkstatt zu gehen. Fluffy lief ihm hinterher.

»Mir ist etwas eingefallen«, sagte Herr Eichhorn, »warum legst du nicht ein Ei für ihn?«

Frau Eichhorn kam heraus, um die Tür zu schließen, die Fluffy immer offenstehen ließ. »Du könntest ein hübsches Bild für ihn malen«, schlug sie vor.

»Nein«, sagte Fluffy. »Das ist dumm!«

»Warum machst du ihm nicht einen von deinen hübschen kleinen Kalendern?« sagte sie.

»Nein«, sagte Fluffy. »Das ist langweilig!«

Seine Mutter versuchte es noch einmal. »Du könntest ihm doch einen von den Hüten schenken, die du immer aus Zeitungspapier bastelst.«

»Nein«, sagte Fluffy. »Das ist nun wirklich eine dumme Idee!«

»Also weißt du, Fluffy«, sagte Frau Eichhorn ärgerlich. »Es gibt überhaupt keinen Grund, so unfreundlich zu sein.«

Sie ging in die Speisekammer, um Mehl und Rosinen zu holen.

»Als ich heute morgen aufgewacht bin, hatte ich noch gute Laune«, sagte Fluffy, »aber jetzt fühle ich mich brummig. Ich denke, ich werde ein wenig spazierengehen, um auf andere Gedanken zu kommen.«

Eric Kincaid

Am Wasserfall traf Fluffy die Kaninchendame Rosi. »Was schenkst du denn dem alten Fischotter zum Geburtstag?« wollte er von ihr wissen.

»Ich weiß es noch nicht«, erwiderte Rosi.

»Ich auch nicht«, sagte Fluffy, dem es gleich etwas besser ging. »Ich bin froh, daß ich nicht der einzige bin, dem nichts einfällt.«

»Vielleicht fällt uns etwas ein, wenn wir uns hier ins Gras setzen und angestrengt nachdenken«, meinte Rosi.

Die beiden setzten sich und dachten nach. Sie dachten nach, bis der Morgen fast vorbei war und Fritz Fuchs des Weges daherkam.

»Hallo zusammen«, rief er. »Ich habe euch überall gesucht. Arthur der Frosch hat für uns ein Lied geschrieben, das wir auf der Party für den alten Fischotter singen sollen. Kommt schon, beeilt euch. Wir müssen den Text auswendig lernen und das Lied so lange üben, bis wir es perfekt können. Arthur wird uns auf seiner Fiedel begleiten.«

Sie rannten los, um sich mit Arthur zu treffen, damit er ihnen sein Lied beibrachte. In dem Lied wurde von dem alten Fischotter erzählt, von seinem Geburtstag und davon, was für ein lieber, netter Freund er war. Für jeden hatte er ein Lächeln, und er kannte jedes noch so kleine Tier in weitem Umkreis. Immer wußte er eine Menge Geschichten und Witze zu erzählen.

Eric Kincaid

Arthur ließ sie das Lied viele, viele Male üben. Schließlich konnten sie es perfekt singen. Sie liefen nach Hause, um ihre Sonntagskleider anzuziehen und sich für die Party zurechtzumachen.

Dann wurde es endlich Abend. Aus allen Ecken und Winkeln kamen die Tiere herbei und schlichen auf Zehenspitzen durch den vom Mondlicht beschienenen Wald. Viele von ihnen trugen kleine Laternen.

Sie hatten ein großes Fest vorbereitet, und das Ufer des silbern schimmernden Sees war ringsum von hellen Lichtern gesäumt.

Der alte Fischotter wachte auf, gähnte, reckte sich und ging nach draußen, um zu gucken, welche Sterne schon am Himmel standen. Was für eine Überraschung erlebte er, als er alle seine Freunde dort sah. Sie ließen ihn hochleben und winkten ihm zu. Drei Schwäne kamen über das Wasser geglitten. Sie waren mit Blumengirlanden und Luftballons geschmückt.

Eric Kincaid

Der alte Fischotter freute sich riesig über den neuen Liegestuhl und die Geburtstagstorte, die mit Fischen aus Zucker dekoriert war.

Aber am meisten gefiel ihm das Lied. Die kleinen Freunde sangen so wunderschön unter dem Sternenhimmel, daß ein paar Tränen in den Bart des alten Fischotters tropften. Besonders rührte es ihn, als Fluffy mit heller Stimme die letzten vier Zeilen ganz allein sang:

»Du bist der liebste Otter auf der Welt,
ein Freund, der immer zu uns hält.
Wir lieben dich ganz inniglich –
Fritz, Rosi, Arthur und ich.«

Danach schüttelte der alte Fischotter ihnen allen die Pfoten und sagte dabei: »Was für liebe Freunde ihr doch seid. Euer Lied war das schönste Geschenk von allen.« Und während des ganzen Abends hörte man ihn leise die Melodie vor sich hin summen.

Dann aßen sie und tanzten und lachten viel, und alle sagten, daß das die schönste Party sei, die sie je gefeiert hätten.

Am Schluß gingen sie alle nach Hause. Sie schlüpften in ihre Betten und waren viel zu müde, um das Morgenrot zu sehen, das mit seinen rosafarbenen Strahlen den Himmel über dem Wald verfärbte.

Ein neuer Tag begann.

Eric Kincaid